Iniciar un negocio de cría de perros Libro para principiantes

Guía del criador para obtener dinero gratis, artículos para el negocio canino, manejar perros de servicio y parir cachorros

Por Brian Mahoney

Copyright © 20124 Brian Mahoney
Todos los derechos reservados.

Descargo de responsabilidad

Este libro se escribió como guía para crear una empresa. Como cualquier otra acción de alto rendimiento, montar un negocio conlleva un cierto grado de riesgo. Este libro no pretende sustituir el asesoramiento contable, jurídico, financiero o profesional de otro tipo. Si necesita asesoramiento en cualquiera de estos campos, le recomendamos que recurra a los servicios de un profesional.

Aunque el autor ha intentado que la información contenida en este libro sea lo más precisa posible, no se garantiza la exactitud ni la actualidad de ningún dato. Las leyes y procedimientos relacionados con los negocios cambian constantemente.

Por lo tanto, en ningún caso Brian Mahoney, el autor de este libro, será responsable de ningún daño especial, indirecto o consecuente ni de ningún daño relacionado con el uso de la información aquí proporcionada.

Todos los derechos reservados

Queda prohibida la utilización o reproducción total o parcial de este libro sin la autorización escrita del autor.

Índice

CCapítulo 1 Visión general de la cría de perros

Capítulo 2 Reproducción y cría canina

Capítulo 3 Guía para la cría de perros de servicio

Capítulo 4 Suministros y equipos para la cría de perros

Capítulo 5 Empezar a trabajar paso a paso

Capítulo 6 La mejor forma de redactar un plan de empresa

Capítulo 7 Seguros de empresa

Capítulo 8 La mina de oro de las subvenciones públicas

Capítulo 9 Dinero colosal gracias al crowdfunding

Capítulo 10 Marketing ¡Cómo llegar gratis a mil millones de personas!

Capítulo 11 CRIANZA DE PERROS GUÍA DE RECURSOS WEB

Capítulo 1
Cría de perros
Visión general

Visión general de la cría de perros

CRÍA DE PERROS

Asociación Americana de Criadores de Perros

La American Dog Breeders Association, Inc. se fundó en septiembre de 1909 como una asociación de razas múltiples. El presidente residente, el Sr. Guy McCord, era un ávido aficionado y criador del American Pit Bull Terrier, y era amigo íntimo del Sr. John P. Colby. El Sr. Colby era el pilar de la A.D.B.A., que se jactaba de ser la "casa" de registro de los perros Colby. Todos los miembros, en regla, podían registrar sus perros y camadas en el departamento de registro previo pago anual de 2,50 dólares de cuota. Parece que la idea de miembro exclusivo fue sustituida gradualmente por un registro abierto a todos los propietarios y criadores de perros de pura raza. Con el tiempo, la asociación se centró en el registro del American Pit Bull Terrier.

Visión general de la cría de perros

La A.D.B.A. pasó de manos del Sr. McCord al Sr. Frank Ferris en 1951. Él, junto con su esposa Florence Colby, (la esposa del difunto John P. Colby) continuó dirigiendo la A.D.B.A. a escala limitada, pero con un énfasis cada vez mayor en el registro de la raza A.P.B.T. exclusivamente.

En 1973, por recomendación de Howard Heinzl, Ralph Greenwood y su familia compraron la A.D.B.A. al Sr. Ferris, cuya avanzada edad motivó su jubilación. (El Sr. Heinzl era amigo personal de Frank Ferris y partidario incondicional de la A.D.B.A., ya que inscribía a sus perros exclusivamente en la A.D.B.A.) A menudo deseamos que Frank hubiera podido vivir para presenciar el crecimiento de la asociación actual. Se habría alegrado mucho.

La asociación sigue creciendo en EE.UU. y en otros países de ultramar. La American Dog Breeders Association Inc. es la mayor oficina de registro del American Pit Bull Terrier y ahora acepta otros perros de pura raza, normalmente razas de trabajo.

A partir del 27 de octubre de 2006, el registro abre su libro genealógico para aceptar otros perros de pura raza.

Visión general de la cría de perros

¿Qué es la cría de perros?

La cría de perros es la práctica de aparear perros seleccionados con la intención de mantener o producir cualidades y características específicas. Cuando los perros se reproducen sin intervención humana, las características de sus descendientes vienen determinadas por la selección natural, mientras que la "cría de perros" se refiere específicamente a la selección artificial de perros, en la que sus dueños los crían intencionadamente. Una persona que aparea perros intencionadamente para producir cachorros se denomina criador de perros. La cría se basa en la ciencia de la genética, por lo que el criador con conocimientos de genética canina, salud y el uso previsto para los perros intenta criar perros adecuados.

Visión general de la cría de perros

Historia

Tres generaciones de "Westies" en un pueblo de Fife, Escocia

Los humanos han mantenido poblaciones de animales útiles en torno a sus lugares de hábitat desde tiempos prehistóricos. Han alimentado intencionadamente a los perros considerados útiles, mientras descuidaban o mataban a otros, estableciendo así una relación entre los humanos y ciertos tipos de perros a lo largo de miles de años. A lo largo de estos milenios, los perros domesticados se han desarrollado en distintos tipos o grupos, como perros guardianes de ganado, perros de caza y lebreles. La selección artificial en la cría de perros ha influido en su comportamiento, forma y tamaño durante los últimos 14.000 años.

La evolución de los perros a partir de los lobos es un ejemplo de selección de neotenia o paedomorfismo, que da lugar a la retención de características físicas juveniles. En comparación con los lobos, muchas razas de perros adultos conservan características juveniles como pelaje suave y peludo, torsos redondos, cabezas y ojos grandes, orejas que cuelgan en lugar de estar erguidas, etc.; características que comparten la mayoría de los mamíferos juveniles y que, por lo tanto, suelen suscitar cierto grado de comportamiento protector y cariñoso entre la mayoría de los mamíferos adultos, incluidos los humanos, que califican esas características de "bonitas" o "atractivas".

Visión general de la cría de perros

Se ha visto que estos rasgos pueden incluso llevar a una loba adulta a actuar de forma más defensiva con los cachorros de perro que con los de lobo. El ejemplo de la neotenia canina va aún más lejos, en el sentido de que las distintas razas de perros se neotenizan de forma diferente según el tipo de comportamiento que se haya seleccionado.

Para mantener estas distinciones, los humanos han apareado intencionadamente perros con determinadas características para fomentarlas en la descendencia. Gracias a este proceso, se han desarrollado cientos de razas caninas. Al principio, la posesión de perros de trabajo y, más tarde, de pura raza, era un privilegio de los ricos. Hoy en día, mucha gente puede permitirse comprar un perro. Algunos criadores optan por criar perros de raza pura, mientras que otros prefieren el nacimiento de una camada de cachorros a un registro canino, como el kennel club, para registrarlo en libros genealógicos como los que lleva el AKC (American Kennel Club).

Estos registros llevan un registro del linaje de los perros y suelen estar afiliados a clubes caninos. Mantener datos correctos es importante para la cría de perros de pura raza. El acceso a los registros permite al criador analizar los pedigríes y anticipar rasgos y comportamientos.

Visión general de la cría de perros

Los requisitos para la cría de razas puras registradas varían según las razas, los países, los clubes caninos y los registros. Se ha llegado a la conclusión de que "los hallazgos implican que cuando la cría selectiva fue realizada por humanos, aplastó los hocicos de ciertas razas de perros, también morfó sus cerebros" (Scientific American, 2010). Los criadores tienen que cumplir las normas de la organización específica para participar en sus programas de mantenimiento y desarrollo de la raza. Las normas pueden aplicarse a la salud de los perros, como radiografías de las articulaciones, certificaciones de cadera y exámenes oculares; a las cualidades de trabajo, como pasar una prueba especial o conseguir logros en un juicio; a la conformación general, como la evaluación de un perro por un experto en la raza. Sin embargo, muchos registros, sobre todo los de Norteamérica, no son organismos policiales que excluyan a los perros de mala calidad o salud. Su función principal es simplemente registrar a los cachorros nacidos de padres que a su vez están registrados.

Visión general de la cría de perros

Crítica

Algunos perros tienen ciertas características hereditarias que pueden convertirse en una discapacidad o enfermedad. La displasia de cadera canina es una de ellas. Se ha demostrado que algunas anomalías oculares, algunas afecciones cardiacas y algunos casos de sordera son hereditarios. Se han realizado estudios exhaustivos sobre estas afecciones, normalmente patrocinados por clubes de razas y registros caninos, mientras que los clubes de razas especializados proporcionan información sobre los defectos genéticos comunes de sus razas. Asimismo, organizaciones especiales, como la Orthopedic Foundation for Animals, recopilan datos y los facilitan a los criadores, así como al público en general. Afecciones como la displasia de cadera pueden afectar a unas razas más que a otras.

Algunos registros, como el American Kennel Club, pueden incluir un registro de la ausencia de ciertos defectos genéticos, conocido como certificación, en el historial de un perro individual. Por ejemplo, el club nacional de la raza del perro pastor alemán en Alemania es un registro que reconoce que la displasia de cadera es un defecto genético para los perros de esta raza.

Visión general de la cría de perros

En consecuencia, exige que todos los perros pasen la evaluación de ausencia de displasia de cadera para registrar a su progenie, y registra los resultados en los pedigríes de cada perro.

Hay documentales de la BBC titulados "Pedigree Dogs Exposed" y "Pedigree Dogs Exposed - Three Years On" que denuncian problemas de salud en los perros por la endogamia. Problemas como la respiración en la raza carlino y pequinés, problemas de columna en la raza teckel y siringomielia en la raza Cavalier King Charles Spaniel.

Algunos investigadores científicos sostienen que los avances en tecnología de reproducción artificial para la cría de perros pueden ser útiles, pero también tener "efectos perjudiciales" cuando se utilizan en exceso en lugar de los principios de la selección natural. Estos científicos abogan por una comprensión más profunda de la selección natural, que conduzca a un enfoque más naturalista en la cría de perros.

Visión general de la cría de perros

Perro de raza pura

Un perro de raza pura se refiere normalmente a un perro de una raza canina moderna con un pedigrí documentado en un libro genealógico y puede estar registrado en un club de raza que también puede formar parte de un club canino nacional.

Perro de raza pura también puede utilizarse de forma diferente para referirse a perros de tipos caninos específicos y razas autóctonas que no son razas modernas. El biólogo Raymond Coppinger cita el ejemplo de un pastor italiano que sólo se queda con los cachorros blancos de las camadas de su perro guardián de ovejas, y sacrifica al resto, porque define a los blancos como de raza pura. Coppinger dice: "La definición de puro del pastor no es errónea, simplemente es diferente de la mía". Sin embargo, la definición habitual es la que se refiere a las razas modernas.

Inscripción

Los perros de raza pura son miembros con pedigrí de razas modernas. Estos perros pueden estar registrados en un club de raza. Los clubes de raza pueden ser un libro genealógico abierto o un libro genealógico cerrado, el término puede interpretarse para cualquiera de los dos. Normalmente, el club de raza también está asociado a un club canino (AKC, UKC, CKC, etc.). Sin embargo, los perros registrados en un club de raza suelen denominarse "registrados".

Visión general de la cría de perros

Algunos utilizan el término exclusivamente para referirse a un perro que también ha sido registrado en un club de raza, pero lo más frecuente es que se utilice simplemente como término genérico para referirse a perros que tienen pedigríes conocidos dentro de una raza estandarizada. Un perro de raza pura no puede interpretarse como un perro de alta calidad. No es un reflejo de la calidad de la salud, el temperamento o la sagacidad del perro, sino simplemente una referencia de que el perro tiene un parentesco conocido según el criador. Mientras que algunos clubes de raza pueden ahora garantizar el parentesco a través de pruebas de ADN en su mayor parte todos los clubes de raza deben confiar exclusivamente en la palabra del criador y la elección del parentesco. En los primeros años del concepto de club canino esto no era un problema ya que la cría de perros sólo se realizaba entre los extremadamente ricos y su reputación estaba en juego. Sin embargo, en esta era moderna de la cría, uno debe ser consciente de que incluso un campeón registrado y de raza pura con ADN probado que haya ganado competiciones nacionales puede tener graves problemas de salud.

Visión general de la cría de perros

El libro genealógico cerrado exige que todos los perros desciendan de un conjunto conocido y registrado de antepasados, lo que da lugar a una pérdida de variación genética a lo largo del tiempo, así como a un tipo de raza altamente identificable, que es la base del deporte de las exposiciones de conformación. Para potenciar características específicas, la mayoría de los perros modernos de pura raza registrados en libros genealógicos cerrados son muy consanguíneos, lo que aumenta la posibilidad de enfermedades de base genética.

El libro genealógico abierto, lo que significa que algunos cruces son aceptables, se utiliza a menudo en los registros de perros de pastoreo, perros de caza y perros de trabajo (perros de trabajo significa perros policía, perros de asistencia y otros perros que trabajan directamente con los seres humanos, no en la caza o el ganado) para los perros que no también participan en el deporte de la exhibición de conformación. Se supone que los cruces con otras razas y la cría por características de trabajo (en lugar de la cría por apariencia) dan como resultado un perro más sano. El uso excesivo de un semental en particular debido a la conveniencia del estilo de trabajo o la apariencia del perro conduce a una reducción de la diversidad genética, ya sea que la raza utilice un libro genealógico abierto o cerrado.

Visión general de la cría de perros

El Jack Russell Terrier Club of America afirma: "La consanguinidad favorece los genes de excelencia, así como los genes deletéreos". Algunas razas de libro genealógico abierto, como el Jack Russell Terrier, tienen limitaciones estrictas sobre la consanguinidad.

Cruces de perros

Los perros cruzados (cruces de primera generación a partir de dos perros de raza pura, también llamados híbridos caninos) no son razas y no se consideran de raza pura, aunque los perros cruzados a partir de las mismas dos razas de perros de raza pura pueden tener "cualidades idénticas", similares a las que cabría esperar de la cría de dos perros de raza pura, pero con más variación genética. Sin embargo, las razas cruzadas no se reproducen de verdad (lo que significa que la progenie mostrará características coherentes, reproducibles y predecibles), y sólo pueden reproducirse volviendo a las dos razas puras originales.

Entre las razas de perros de caza, pastoreo o trabajo en registros abiertos de libros genealógicos, un perro cruzado puede registrarse como miembro de la raza a la que más se parece si el perro trabaja de la manera de la raza.

Visión general de la cría de perros

Algunos registros de perros de caza, pastoreo o trabajo aceptan perros mestizos (es decir, de herencia desconocida) como miembros de la raza si trabajan de la forma correcta, lo que se denomina registro por méritos.

Mestizo

Para los perros mestizos (de herencia desconocida), cruzados (de dos razas puras diferentes) o que no estén registrados como perros de raza pura, existen muchas pequeñas empresas de registro de pago en Internet que certifican a cualquier perro como de raza pura.

Sin embargo, constantemente se crean de forma legítima nuevas razas de perros, y hay muchos sitios web de asociaciones de nuevas razas y clubes de razas que ofrecen registros legítimos para razas nuevas o raras. Cuando los perros de una nueva raza son "visiblemente similares en la mayoría de sus características" y tienen una ascendencia documentada fiable de un "tronco fundador conocido y designado", pueden considerarse miembros de una raza y, si un perro individual está documentado y registrado, puede denominarse de raza pura. Sólo la documentación de la ascendencia de la raza fundadora determina si un perro es o no miembro de pura raza de una raza.

Visión general de la cría de perros

Showdog

El término showdog se utiliza comúnmente de dos maneras diferentes. Para los aficionados a las exposiciones caninas, un showdog es un perro excepcional de pura raza que se ajusta al tipo racial y tiene un carácter extrovertido y muy enérgico. Para las personas que no tienen interés en las exposiciones caninas, el término "showdog" se utiliza a menudo de forma jocosa para referirse a un perro cuyos únicos atributos son su aspecto. Raymond Coppinger dice: "Esta reciente moda de criar perros de raza está fuera de control".

Las exposiciones caninas (y el deporte relacionado de Junior Handling para niños y jóvenes) siguen siendo actividades populares; una sola exposición, la de Crufts de 2006, tuvo 143.000 espectadores, con 24.640 perros de pura raza inscritos, que representaban 178 razas diferentes de 35 países distintos. El deporte de las exposiciones caninas de conformación sólo está abierto a perros de pura raza registrados.

Visión general de la cría de perros

Cuestiones sanitarias

Las enfermedades genéticas son un problema especial para los perros de registros cuyos libros genealógicos están cerrados. Muchos clubes caninos nacionales prohíben registrar perros que padezcan o sean portadores de determinadas enfermedades genéticas. Algunas de las afecciones más comunes son la displasia de cadera, que se da en perros de razas grandes; la enfermedad de von Willebrand, que afecta a las plaquetas y se hereda en los Doberman Pinscher; el entropión, una curvatura del párpado que se da en los Shar Peis y muchas otras razas; la atrofia progresiva de retina, que se hereda en muchas razas; la sordera; y la epilepsia, que se sabe que se hereda en los pastores belgas, los pastores alemanes, los Cocker Spaniel y los San Bernardos. En 2008, la BBC emitió un documental sobre los problemas de salud de los perros de raza.

Visión general de la cría de perros

El futuro de los perros de pura raza

La mayoría de las razas del Kennel Club que existen en la actualidad se eligieron a partir de razas terrestres existentes a finales del siglo XIX. Sin embargo, el aspecto actual de esos perros se ha adaptado para que encajen en la descripción que el club de razas ha hecho de ellos. Para ello, se requirió una cría selectiva y una rigurosa eliminación selectiva. Esto creó un cuello de botella genético que algunas personas creen que hará que la cría a partir de libros genealógicos cerrados no sea viable. Entre las propuestas de mejora se incluyen el cruce cruzado (apertura de los libros genealógicos) y la medición y regulación de la consanguinidad. Hay algunos criadores que se aseguran de que los perros que crían no han sido cruzados con demasiados otros perros, para que la reserva genética no se reduzca porque todo el mundo críe con un semental popular. Hay muchos que se limitan a criar dos perros "empapelados" asumiendo que eso es todo lo que necesitan hacer.

Sin embargo, la ciencia sigue mejorando y permite a los criadores realizar pruebas para detectar enfermedades genéticas. Mientras que antes los criadores sólo podían detectar animales afectados, ahora se pueden realizar pruebas de ADN y criar sólo animales sin genes afectados para producir razas más fuertes.

Capítulo 2
Reproducción y partos caninos

Bienvenido a esta completa guía sobre reproducción y parto caninos. Le guiará a través de los procesos y consideraciones esenciales para una experiencia de cría y parto satisfactoria.

1. Comprender la anatomía reproductiva canina

   Perros machos:
   Los principales órganos reproductores son los testículos, que producen esperma y testosterona.
   El pene contiene el bulbus glandis, que se hincha durante el apareamiento, asegurando un "empate" para una reproducción eficaz.

   Perros hembra:
   Los órganos principales son los ovarios, el útero y la vagina.
   Las hembras tienen un ciclo estral (celo), que consta de cuatro fases: proestro, estro, diestro y anestro.

2. El ciclo estral

   Proestro (9 días de media):
   Inflamación de la vulva y secreción sanguinolenta.
   Las hembras atraen a los machos pero no son receptivas.

   Celo (5-13 días):
   Se produce la ovulación y la hembra es fértil y receptiva.
   La secreción se aligera y la vulva permanece hinchada.

   Diestrus (2 meses si no está embarazada):
   Los niveles hormonales se estabilizan y la hembra deja de ser receptiva.

Anestro (4-5 meses):
Periodo de descanso antes del siguiente ciclo.

3. Acoplamiento

Apareamiento natural: Se permite que los perros macho y hembra interactúen de forma natural. El "empate" se produce cuando el bulbus glandis se hincha, uniendo temporalmente a los perros.
Inseminación artificial: Se utiliza cuando la monta natural no es viable. Un veterinario recoge esperma y lo deposita en el aparato reproductor de la hembra.

4. Embarazo

La gestación dura 58-68 días (media: 63 días).
Signos de embarazo:
Abdomen agrandado.
Aumento del apetito.
Cambios de comportamiento (más cariñoso o reclusivo).
Los pezones se agrandan y pueden oscurecerse.

Confirmación veterinaria:

Ecografía (a partir de 21-25 días).
Radiografía (a partir del día 45 para evaluar el número de cachorros).

5. Preparación para el parto

   Cree una caja de cría:
   Suficientemente grande para que la presa se estire cómodamente.
   Paredes bajas para facilitar el acceso pero lo suficientemente altas para contener a los cachorros.
   Ropa de cama suave y limpia.

   Reúne suministros:
   Toallas limpias.
   Almohadilla eléctrica (baja) o lámpara de calor.
   Jeringa de pera (para limpiar las vías respiratorias de los cachorros).
   Guantes desechables.
   Tijeras estériles y pinzas umbilicales.

   Vigila la presa:
   Mida la temperatura rectal dos veces al día durante la última semana. Un descenso a 98-99 °F indica que el parto se iniciará en 24 horas.

6. El proceso de parto

Fase 1: Preparación (6-12 horas):

   Inquietud, jadeo, anidamiento y pérdida de apetito.
   El cuello uterino se dilata y comienzan las contracciones.

Fase 2: Parto (6-12 horas o más):

Los cachorros nacen con una diferencia aproximada de 30-60 minutos.
Cada cachorro está encerrado en una bolsa amniótica, que la presa debe romper.

Ayudar si es necesario:

Rompe el saco suavemente y despeja la nariz y la boca del cachorro.
Estimular la respiración frotando con una toalla limpia.

Fase 3: Postparto:

La placenta es expulsada por cada cachorro.
Asegúrate de que la madre no come demasiadas placentas, ya que puede causar molestias estomacales.

7. Cuidados posteriores a la ayuda

Por la presa:
Vigilar los signos de infección (secreción maloliente, fiebre, letargo).
Proporcionar alimentos nutritivos y agua fresca.
Para cachorros:
Comprueba si están calientes (los cachorros no pueden regular su temperatura inicialmente).
Asegúrese de que cada cachorro se amamanta en las primeras 2 horas para la ingesta de calostro.
Observar el aumento de peso (se recomienda pesarse diariamente).

8. Solución de problemas

   Distocia (parto difícil):
      Busque ayuda veterinaria si:
         El parto supera las 2 horas sin cachorro.
         Un cachorro está atascado en el canal del parto.
         La secreción verde aparece sin cachorros.

   Problemas de los cachorros:
      Los cachorros débiles o que no responden pueden necesitar una estimulación suave y calor.

9. Cuidados de larga duración

   Socialice pronto a los cachorros y programe su primera visita al veterinario a las 6-8 semanas para las vacunas y los controles sanitarios.
   Destete a los cachorros gradualmente entre las 3-4 semanas.

Siguiendo estos pasos, puede garantizar una experiencia segura y saludable tanto para la madre como para sus cachorros.

Los cuidados neonatales y la salud de los cachorros son aspectos cruciales de la cría de perros. He aquí algunas consideraciones:

   Cuidados neonatales:

      Control de la temperatura: Mantenga la zona de parto caliente (alrededor de 85-90 °F) para los cachorros recién nacidos, ya que inicialmente no pueden regular su temperatura corporal.

      Alimentación: Los cachorros deben mamar a las pocas horas de nacer para recibir el calostro, que proporciona anticuerpos esenciales.

Higiene: Mantenga la zona de parto limpia y seca para evitar infecciones.

Seguimiento: Vigile a los cachorros para detectar signos de angustia, enfermedad o retraso en el desarrollo.

Consideraciones sobre la salud del cachorro:

Vacunas: Siga el calendario de vacunación recomendado por su veterinario para proteger a los cachorros de las enfermedades más comunes.

Desparasitación: Desparasitar regularmente a los cachorros para controlar los parásitos intestinales.

Nutrición: Proporcionar una dieta equilibrada adecuada a su edad y raza para favorecer su crecimiento y desarrollo.

Socialización: Exponga a los cachorros a diferentes entornos, personas y experiencias para fomentar la socialización y reducir los problemas de comportamiento.

Controles sanitarios: Programe revisiones sanitarias periódicas con un veterinario para detectar y tratar a tiempo cualquier problema de salud.

Garantizar unos cuidados neonatales adecuados y abordar las consideraciones sanitarias de los cachorros contribuirá a criar perros sanos y felices, lo cual es esencial para el éxito de un negocio de cría de perros.

Preparación de los ciclos de cría y procedimientos de apareamiento

Comprender el ciclo de reproducción:

Conozca el ciclo reproductivo y las características de cada raza.

Familiarícese con las cuatro fases del ciclo estral de la perra: proestro, estro, diestro y anestro.

Vigile a sus perras en busca de signos de preparación, como cambios de comportamiento e indicadores físicos como hinchazón de la vulva y secreciones.

Chequeos médicos y pruebas genéticas:

Programe exámenes veterinarios previos al apareamiento para asegurarse de que ambos perros gozan de una salud óptima.

Realizar pruebas genéticas para identificar posibles problemas hereditarios que podrían transmitirse a la descendencia.

Actualice las vacunas y asegúrese de que ambos perros están libres de parásitos o enfermedades contagiosas.

Creación de un plan de cría:

Planifique el momento ideal para el apareamiento basándose en el ciclo de celo de la hembra, normalmente alrededor del día 9-14 del estro.

Lleve un registro del linaje, el historial sanitario y las camadas anteriores de los perros para evitar la endogamia.

Definir los objetivos de cría, como la mejora de rasgos específicos o el cumplimiento de los estándares de la raza.

Preparar el entorno:

Disponga una zona tranquila y sin estrés para que se produzca el proceso de apareamiento.

Asegúrese de que el espacio esté limpio y libre de distracciones o peligros potenciales.

Proporcione una zona cómoda donde la hembra pueda descansar después del apareamiento.

Procedimientos de apareamiento:

Presente a los perros en un espacio controlado y neutral para minimizar los comportamientos territoriales.

Observe el proceso de acoplamiento para garantizar la seguridad y un acoplamiento correcto, especialmente durante la fase de atado, que puede durar entre 5 y 30 minutos.

Evite interrumpir a los perros durante el apareamiento para reducir el estrés o las lesiones.

Cuidados posteriores al apareamiento:

Vigilar a la hembra para detectar signos de embarazo, como cambios en el apetito, el comportamiento o el estado físico.

Programe una visita veterinaria de seguimiento para confirmar el embarazo mediante ecografía o palpación.

Adaptar la dieta y la rutina de ejercicios de la mujer para favorecer un embarazo sano.

Incluir consejos detallados, listas de comprobación y sugerencias de criadores experimentados puede aumentar el valor del capítulo para los lectores que inicien su propio negocio de cría de perros.

Capítulo 3
Guía para
Cría de perros de servicio

La cría de perros de servicio es una tarea decidida y especializada que requiere un profundo conocimiento de la genética, el temperamento y el adiestramiento. He aquí una guía estructurada para garantizar un enfoque responsable y ético:

1. Entender el papel de los perros de servicio

Los perros de servicio ayudan a las personas con discapacidad realizando tareas específicas. Los tipos más comunes son:

   Perros guía para personas con discapacidad visual.
   Perros audífonos para personas con pérdida de audición.
   Perros de asistencia a la movilidad para discapacitados físicos.
   Perros de servicio psiquiátrico de apoyo a la salud mental.

Cada función exige rasgos únicos, y su programa de cría debe centrarse en las características físicas y de comportamiento apropiadas.

2. Seleccionar razas adecuadas

Algunas razas se utilizan habitualmente por su inteligencia, temperamento y capacidad de adiestramiento:

   Labrador Retrievers: Amistosos, adaptables y deseosos de complacer.
   Golden Retriever: Inteligentes y gentiles.
   Pastores alemanes: Leales y disciplinados.
   Caniches: Hipoalergénicos con gran inteligencia.

La raza que elija debe estar en consonancia con las tareas específicas del perro de servicio que pretende apoyar.

3. Evaluar los reproductores

Sus perros reproductores deben reunir las siguientes cualidades:

Buena salud: Realice exámenes de salud para detectar afecciones genéticas comunes (por ejemplo, displasia de cadera, problemas oculares o afecciones cardíacas).
Temperamento estable: Evitar perros con ansiedad, agresividad o timidez extrema.
Pedigrí probado: Seleccione perros de líneas con un historial de animales de servicio exitosos.

Garantizar que todos los perros cumplen los estándares de la raza y superan las evaluaciones de comportamiento.

4. Pruebas de temperamento

Empiece pronto a evaluar el temperamento:

Prueba de aptitud del cachorro (PAT) a las 7-8 semanas: Mide la curiosidad, la atracción social, la sensibilidad al ruido y la respuesta de sobresalto.
Observaciones de comportamiento: Busque resiliencia, concentración y voluntad de aprender.

5. Potencial de formación

Su objetivo es producir perros con:

Inteligencia: Aprendizaje rápido que puede adaptarse a tareas complejas.
Comportamiento tranquilo: Comodidad en entornos de mucho estrés.
Habilidades de socialización: Capacidad para interactuar bien con las personas y otros animales.

La socialización temprana con diversos entornos, sonidos y personas es esencial.

6. Seguir prácticas éticas

Limite la frecuencia de cría: Proteja la salud de sus animales reproductores.
Cumpla la normativa: Consulta las leyes locales, estatales y federales relativas a la cría de animales.
Transparencia: Proporcionar registros completos de salud y linaje a compradores u organizaciones.

7. Asociarse con formadores y organizaciones

La colaboración es clave. Trabaja con adiestradores experimentados, veterinarios y organizaciones de perros de servicio para:

Garantizar que los cachorros sean asignados a programas de adiestramiento adecuados.
Obtenga información para mejorar sus prácticas de cría.

8. Plan para perros no aptos

No todos los cachorros cumplirán los criterios de perro de servicio. Tenga un plan para:

Adopción en hogares cariñosos.
Roles alternativos: Animales de terapia o de apoyo emocional.

9. Invertir en formación continua

Manténgase informado sobre:

Avances en genética y prácticas de cría.
Evolución de los requisitos para las tareas de los perros de servicio.
Investigación sobre salud y comportamiento.

Siguiendo estos pasos, puede contribuir de forma significativa a la creación de perros de servicio que transformen vidas.

Capítulo 4
Cría de perros Suministros y Equipamiento

Material y equipos para la cría de perros

Borde para mascotas

PetEdge es un proveedor líder de suministros de aseo al por mayor y productos para mascotas con descuento.

Pet Edge le da acceso a más de 12.000 productos de marcas nacionales y exclusivas de PetEdge a través de sus catálogos y su sitio web.

http://goo.gl/R9DDto

ValleyVet

¡Si usted está buscando medicamentos recetados, vacunas, control de parásitos, materiales de esgrima, tachuela, un nuevo par de botas o cualquier otra cosa, no busque más allá de ValleyVet que ofrecen más de 23.000 productos!

https://urlzs.com/hh2ro

Material y equipos para la cría de perros

Criadores Exodus

Exodus Breeders ofrece suministros reproductivos como

- Kits de inseminación
- Material para extracción de sangre
- Transporte urgente de semen canino
- Gestión y suministros para perreras
- Kits de ovulación y detector
- Todas las jeringuillas y agujas esterilizadas de plástico
- Kit de reanimación para cachorros
- Material para la recogida de esperma
- Suministros para la gestión de la congelación del semen

y mucho más.

https://www.exodusbreeders.com/

Material y equipos para la cría de perros

Suministros veterinarios de la A a la Z

A to Z Vet Supply tiene más de 50.000 productos. Ahorre en todo lo que necesita para la cría de perros cuando compra suministros para la cría de perros directamente de A to Z Vet Supply. Ellos hacen que sea asequible y conveniente para abastecerse de productos de aseo de calidad, medicamentos, ropa de cama y otros suministros de la perrera.

A to Z Vet Supply es también su única fuente de suministros para el parto, desde suplementos para la cría hasta pruebas de embarazo y vacunas para los cachorros.

También ofrecen:

- Productos contra pulgas y garrapatas
- Gusanos D
- Collares y arrendamientos
- Suplementos / Productos nutricionales
- Ayudas a la formación
- Juguetes y golosinas
- Sistemas de identificación

https://urlzs.com/kYMf1

Material y equipos para la cría de perros

Lista completa de razas caninas reconocidas

American Kennel Club

El American Kennel Club se dedica a mantener la integridad de su Registro, promoviendo el deporte de los perros de pura raza y la cría por tipo y función. Fundado en 1884, el AKC® y sus organizaciones afiliadas defienden al perro de pura raza como compañero familiar, promueven la salud y el bienestar caninos, trabajan para proteger los derechos de todos los propietarios de perros y fomentan la tenencia responsable de perros.

No sólo puede obtener una lista de todas las razas de perros reconocidas, sino que desde este sitio web puede:

- Obtenga productos y servicios de adiestramiento canino
- Encontrar cachorros
- Comprar nuevos productos
- Participar en acontecimientos deportivos
- Registre a su perro

http://www.akc.org/dog-breeds/

Material y equipos para la cría de perros

Adiestramiento de perros

http://www.dog-training.com/

http://www.roverpet.com/

http://www.dogsupplies.com/

http://www.petwholesaler.com/index.php

http://www.happytailsspa.com/

http://www.futurepet.com/

http://www.petmanufacturers.com/

http://www.k9bytesgifts.com/

http://www.kingwholesale.com/

http://www.upco.com/

Material y equipos para la cría de perros

PROGRAMAS DE CERTIFICACIÓN

Consejo de Certificación de Adiestradores profesionales de perros

El Certification Council for Professional Dog Trainers® (CCPDT®) es el principal recurso independiente de pruebas y certificación para profesionales del adiestramiento y el comportamiento caninos. Establecen el estándar mundial para el desarrollo de exámenes rigurosos que demuestren el dominio de prácticas de adiestramiento canino humanitarias y basadas en la ciencia. Es una organización privada sin ánimo de lucro.

http://www.ccpdt.org/

La Asociación de Adiestradores profesionales de perros

Tanto si acaba de embarcarse en una carrera de adiestramiento canino como si es un veterano del sector o simplemente está intentando decidir cuál es la mejor manera de añadir un perro a su familia, en la APDT encontrará el asesoramiento, el apoyo y la formación que necesita.

https://apdt.com/join/certification/

Capítulo 5
Empezar a trabajar paso a paso

Primeros pasos en la empresa

Sólo en Estados Unidos hay más de treinta millones de negocios desde casa.

Muchas personas sueñan con la independencia y la recompensa económica de tener un negocio en casa. Por desgracia, dejan que la parálisis por análisis les impida pasar a la acción. Este capítulo está diseñado para darle una hoja de ruta para empezar. El paso más difícil en cualquier viaje es el primero.

Anthony Robbins creó un programa llamado Poder Personal. Estudié el programa hace mucho tiempo, y hoy lo resumiría diciendo que debes encontrar la manera de motivarte para emprender acciones masivas sin miedo al fracaso.

2 Timoteo 1:7 Versión Reina Valera

"Porque no nos ha dado Dios espíritu de cobardía, sino de poder, de amor y de dominio propio".

Primeros pasos en la empresa

PASO Nº 1 CREA UNA OFICINA EN TU CASA

Si te tomas en serio lo de ganar dinero, rehaz la cueva del hombre o la cueva de la mujer y crea un lugar para hacer negocios, sin interrupciones.

PASO Nº 2 RESERVE TIEMPO PARA SU NEGOCIO

Si ya tienes un trabajo, o si tienes hijos, pueden quitarte mucho tiempo. Por no hablar de los amigos bienintencionados que utilizan el teléfono para convertirse en ladrones de tiempo. Dedique tiempo a su negocio y cúmplalo.

PASO Nº 3 DECIDIR EL TIPO DE NEGOCIO

No tienes que ser rígido, pero empieza con el fin en mente. Puedes ser más flexible a medida que adquieras experiencia.

Primeros pasos en la empresa

PASO Nº 4 FORMA JURÍDICA DE SU EMPRESA

Las tres formas jurídicas básicas son la empresa unipersonal, la sociedad colectiva y la sociedad anónima. Cada una tiene sus ventajas. Visite www.Sba.gov, infórmese sobre cada una de ellas y tome una decisión.

PASO Nº 5 ELEGIR UN NOMBRE COMERCIAL Y REGISTRARLO

Una de las formas más seguras de elegir un nombre comercial es utilizar su propio nombre. Al utilizar tu propio nombre no tienes que preocuparte por las violaciones de los derechos de autor.

No obstante, consulte siempre a un abogado o a la autoridad legal competente cuando se trate de asuntos jurídicos.

Primeros pasos en la empresa

PASO Nº 6 REDACTAR UN PLAN DE EMPRESA

Esto parece obvio. Sea cual sea su objetivo, debe tener un plan. Debes tener un plan de negocio. En la NFL unos siete entrenadores son despedidos cada temporada. Así que en un negocio muy competitivo, un hombre sin experiencia como entrenador principal fue contratado por los Philadelphia Eagles de la NFL. Se llamaba Andy Reid. Andy Reid se convertiría más tarde en el entrenador con más éxito de la historia del equipo. Una de las razones por las que el propietario le contrató fue porque tenía un plan de negocio del tamaño de una guía telefónica. Su plan de negocio no tiene por qué ser tan grande, pero si planifica todo lo posible, es menos probable que se ponga nervioso cuando las cosas no salgan según lo previsto.

PASO Nº 7 LICENCIAS Y PERMISOS ADECUADOS

Ve al ayuntamiento e infórmate de lo que tienes que hacer para montar un negocio en casa.

Primeros pasos en la empresa

PASO #8 CREAR UN SITIO WEB, SELECCIONAR TARJETAS DE VISITA, PAPELERÍA, FOLLETOS

Es una de las formas menos costosas no sólo de poner en marcha su negocio, sino también de promocionarlo y crear una red de contactos.

PASO Nº 9 ABRIR UNA CUENTA CORRIENTE COMERCIAL

Tener una cuenta comercial separada facilita mucho el seguimiento de los beneficios y los gastos. Esto te resultará muy útil, tanto si decides hacer tus propios impuestos como si contratas a un profesional.

PASO Nº 10 ¡ACTÚA HOY MISMO!

No se trata de un plan exhaustivo para crear una empresa. Su objetivo es indicarle la dirección correcta para empezar. En la Agencia Federal para el Desarrollo de la Pequeña Empresa (Small Business Administration) encontrará muchos recursos gratuitos para poner en marcha su empresa. Incluso tienen un programa (SCORE) que le dará acceso a muchos profesionales jubilados que le asesorarán gratuitamente. Su sitio web:
www.score.org

Capítulo 6
La mejor manera
Escribir un
Plan de empresa

Cómo redactar un plan de empresa

Millones de personas quieren saber cuál es el secreto para ganar dinero. La mayoría ha llegado a la conclusión de que es crear una empresa. ¿Cómo se crea una empresa? Lo primero que hay que hacer para montar un negocio es crear un plan de empresa.

Un plan de empresa es una declaración formal de un conjunto de objetivos empresariales, las razones por las que se consideran alcanzables y el plan para alcanzarlos. También puede contener información de fondo sobre la organización o el equipo que intenta alcanzar esos objetivos.

Un plan de empresa profesional consta de ocho partes.

1. Resumen ejecutivo

El resumen ejecutivo es una parte muy importante de su plan de empresa. Muchos la consideran la más importante porque esta parte de su plan ofrece un resumen del estado actual de su empresa, hacia dónde quiere llevarla y por qué el plan de negocio que ha elaborado será un éxito. A la hora de solicitar fondos para poner en marcha tu empresa, el resumen ejecutivo es una oportunidad para llamar la atención de un posible inversor.

Cómo redactar un plan de empresa

2. Descripción de la empresa

La parte del plan de empresa dedicada a la descripción de la empresa ofrece un resumen de alto nivel de los distintos aspectos de su negocio. Es como resumir tu discurso de ascensor para ayudar a los lectores y posibles inversores a comprender rápidamente el objetivo de tu empresa y lo que la hará destacar, o qué necesidad única cubrirá.

3. Análisis del mercado

La parte de análisis de mercado de su plan de empresa debe entrar en detalle sobre el mercado de su sector y su potencial monetario. Debe demostrar una investigación detallada con estrategias lógicas para la penetración en el mercado. ¿Utilizará precios bajos o alta calidad para penetrar en el mercado?

4. 4. Organización y gestión

La sección Organización y gestión sigue al Análisis de mercado. Esta parte del plan de empresa incluirá la estructura organizativa de su empresa, el tipo de estructura empresarial de constitución, la propiedad, el equipo directivo y las cualificaciones de todas las personas que ocupan estos cargos, incluido el consejo de administración si es necesario.

Cómo redactar un plan de empresa

5. Servicio o línea de productos

La parte de la línea de servicio o producto de su plan de empresa le da la oportunidad de describir su servicio o producto. Concéntrese en los beneficios para los clientes más que en lo que hace el producto o servicio. Por ejemplo, un aparato de aire acondicionado produce aire frío. El beneficio del producto es que enfría y hace que los clientes se sientan más cómodos tanto si están conduciendo en medio del tráfico como si están enfermos en una residencia de ancianos. Los aparatos de aire acondicionado cubren una necesidad que puede significar la diferencia entre la vida y la muerte. Utilice esta sección para indicar cuáles son las ventajas más importantes de su producto o servicio y qué necesidad satisface.

6. Marketing y ventas

Disponer de un plan de marketing probado es un elemento esencial para el éxito de cualquier empresa. Hoy en día, las ventas en línea dominan el mercado. Presente un sólido plan de marketing en Internet y en las redes sociales. Los vídeos de YouTube, los anuncios de Facebook y los comunicados de prensa pueden formar parte de su plan de marketing en Internet. Repartir folletos y tarjetas de visita sigue siendo una forma eficaz de llegar a los clientes potenciales.

Utiliza esta parte de tu plan de empresa para indicar tus ventas previstas y cómo has llegado a esa cifra. Investiga sobre empresas similares para obtener posibles estadísticas sobre cifras de ventas.

Cómo redactar un plan de empresa

7. 7. Solicitud de financiación

Cuando redacte la sección de solicitud de financiación de su plan de empresa, asegúrese de ser detallado y disponer de documentación sobre el coste de los suministros, el espacio del edificio, el transporte, los gastos generales y la promoción de su empresa.

8. Proyecciones financieras

A continuación figura una lista de los estados financieros importantes que debe incluir en el paquete de su plan de empresa.

Datos financieros históricos

Sus datos financieros históricos serían extractos bancarios, balances y posibles garantías para su préstamo.

Datos financieros prospectivos

La sección de datos financieros prospectivos de su plan de empresa debe mostrar su crecimiento potencial dentro de su sector, con una proyección de al menos los próximos cinco años.

Puede hacer proyecciones mensuales o trimestrales para el primer año. Luego proyecta de año en año.

Incluya un análisis de ratios y tendencias para todos sus estados financieros. Utilice gráficos de colores para explicar las tendencias positivas, como parte de la sección de proyecciones financieras de su plan de negocio.

Cómo redactar un plan de empresa

Anexo

El apéndice no debe formar parte del cuerpo principal de su plan de empresa. Sólo debe facilitarse cuando sea necesario. Tu plan de empresa puede ser visto por mucha gente y no querrás que cierta información esté disponible para todo el mundo. Los prestamistas pueden necesitar esa información, así que debe tener un apéndice preparado por si acaso.

El apéndice incluiría:

Historial de crédito (personal y empresarial)

- Currículos de los principales directivos
- Imágenes del producto
- Cartas de referencia
- Detalles de los estudios de mercado
- Artículos de revistas o referencias de libros pertinentes
- Licencias, permisos o patentes
- Documentos jurídicos
- Copias de los contratos de arrendamiento

Cómo redactar un plan de empresa

Licencias de obras

Contratos

Lista de asesores comerciales, incluidos abogado y contable

Lleve un registro de las personas a las que permite ver su plan de empresa.

Incluya un descargo de responsabilidad sobre la colocación privada. Un descargo de responsabilidad de colocación privada es un memorando de colocación privada (PPM) es un documento centrado principalmente en los posibles inconvenientes de una inversión.

Capítulo 7
Empresas
Seguros

SEGURO DE EMPRESA

Consulte a un abogado para todos y cada uno de sus asuntos empresariales.

A principios de la década de 1990, una anciana compró una taza de café caliente en un autoservicio de McDonald's en Albuquerque. Derramó el café y sufrió quemaduras de tercer grado. Demandó a McDonald's y ganó. Ganó 2,7 millones de dólares por daños punitivos. El veredicto fue apelado y el acuerdo se estima en unos 500.000 dólares. Todo porque derramó el café sobre su regazo mientras intentaba añadir azúcar y nata.

Dos hombres de Ohio se dedicaban a la colocación de alfombras. Sufrieron quemaduras graves al encenderse un recipiente de tres galones y medio de adhesivo para moquetas cuando se encendió el calentador de agua junto al que se encontraba. Consideraron que la etiqueta de advertencia de la parte posterior de la lata era insuficiente. Así que interpusieron una demanda contra los fabricantes del adhesivo y obtuvieron una indemnización de nueve millones de dólares.

Una mujer de Oklahoma compró una Winnebago nueva. Mientras conducía hacia su casa, puso el control de crucero a 70 millas por hora. A continuación, abandonó el asiento del conductor para prepararse un café o un bocadillo en la parte trasera de la autocaravana.

SEGURO DE EMPRESA

El vehículo se estrelló y la mujer demandó a Winnebago por no advertirle de que el control de crucero no conduce ni dirige el vehículo. Ganó 1,7 millones de dólares y la empresa tuvo que reescribir su manual de instrucciones.

Desgraciadamente, las tres demandas escandalosas son reales. Si vas a dirigir un negocio, cualquier negocio, deberías plantearte protegerte con un seguro de responsabilidad profesional, también conocido como seguro de errores y omisiones (E & O).

Este tipo de seguro puede ayudarle a protegerse de tener que pagar el coste total de defenderse contra una demanda por negligencia.

El seguro de error y omisión puede protegerle frente a reclamaciones que no suelen estar cubiertas por los seguros de responsabilidad civil normales. Estas pólizas suelen cubrir daños corporales o materiales. El seguro de error y omisión puede protegerle contra la negligencia y otras angustias mentales, como el asesoramiento inexacto o la tergiversación. La persecución penal no está cubierta.

El seguro de errores y omisiones se recomienda a notarios, agentes inmobiliarios o inversores y profesionales como ingenieros informáticos, abogados, inspectores de viviendas, desarrolladores de sitios web y arquitectos paisajistas, por citar algunas profesiones.

SEGURO DE EMPRESA

Las reclamaciones más comunes por errores y omisiones:

%25 Incumplimiento del deber fiduciario

%15 Incumplimiento de contrato

%14 Negligencia

%13 Falta de supervisión

%11 Inadecuación

%10 Otros

SEGURO DE EMPRESA

Lo que debe saber o exigir antes de contratar una póliza de Errores y Omisiones es...

* Cuál es el límite de responsabilidad

* Qué es la franquicia

* ¿Incluye FDD First Dollar Defense - que obliga a la compañía de seguros a pelear un caso sin deducible primero.

* ¿Tengo cobertura de cola o cobertura ampliada de informes (seguro que dura hasta la jubilación)?

* Cobertura ampliada para los empleados

* Cobertura de ciberresponsabilidad

* Departamento de Trabajo Cobertura fiduciaria

* Cobertura de insolvencia

Si contrata un seguro de Errores y Omisiones, renuévelo el día de su vencimiento. Debes tener cuidado para evitar lagunas en tu cobertura, o podría dar lugar a que no te renueven la póliza.

SEGURO DE EMPRESA

Algunos proveedores de seguros E & O:

Insureon

Insureon afirma que su póliza mediana de Seguro de Errores y Omisiones cuesta unos 750 dólares al año o unos 65 dólares al mes. El precio, por supuesto, variará en función de tu negocio, la póliza que elijas y otros factores de riesgo.

https://www.insureon.com/home

EOforless

EOforless.com ayuda a los profesionales de los seguros, las inversiones y el sector inmobiliario a contratar seguros E&O a un coste asequible en cinco minutos o menos.

https://www.eoforless.com/

SEGURO DE EMPRESA

CalSurance Asociados

Como corredor de seguros líder, CalSurance Associates, una división de Brown & Brown Program Insurance Services, Inc. cuenta con más de cincuenta años de experiencia ofreciendo productos de seguros completos, un servicio excepcional y resultados probados a más de 150.000 asegurados. Ofrecen sus servicios a profesionales de todo el país y de múltiples sectores, incluidas algunas de las mayores empresas financieras y compañías de seguros de Estados Unidos.

http://www.calsurance.com/csweb/index.aspx

Más vale prevenir que curar

El seguro es uno de los costes ocultos de la actividad empresarial. Estas son sólo algunas empresas y un breve resumen sobre el tema de los seguros empresariales. Asegúrese de hablar con un abogado o agente de seguros cualificado antes de tomar cualquier decisión sobre el seguro. Protéjase a usted y a su empresa. Muchos estados no exigen E & O seguros. Pero cuando ves el coste de algunos de los acuerdos, es mejor prevenir que curar.

Capítulo 8
La mina de oro de las subvenciones públicas

Cómo escribir un Ganador

Propuesta de subvención

La mina de oro de las subvenciones públicas

Subvenciones públicas. Muchas personas no creen que existan las subvenciones públicas o piensan que nunca podrán conseguirlas.

Primero dejemos una cosa clara. El dinero de las subvenciones del gobierno es **TU DINERO**. El dinero del gobierno proviene de los impuestos que pagan los residentes de este país. Dependiendo del estado en el que vivas, pagas impuestos por casi todo: .... Impuestos sobre la propiedad de tu casa. Impuestos sobre la propiedad de tu coche. Impuestos sobre las cosas que compras en el centro comercial, o en la gasolinera. Impuestos sobre la gasolina, los alimentos que compras, etc.

Así que no seas un caso de caridad o demasiado orgulloso para pedir ayuda, porque las empresas multimillonarias como GM, los grandes bancos y la mayor parte de la América Corporativa no dudan en obtener su parte de **tu dinero**.

Hay más de dos mil trescientos (2.300) Programas de Ayuda del Gobierno Federal. Algunos son préstamos, pero muchos son subvenciones de fórmula y subvenciones para proyectos. Para ver todos los programas disponibles vaya a:

https://beta.sam.gov/help/assistance-listing

REDACTAR UNA PROPUESTA DE SUBVENCIÓN

Componentes básicos de una propuesta

Hay ocho componentes básicos para crear un paquete de propuestas sólido:

1. El resumen de la propuesta;

2. Presentación de la organización;

3. El planteamiento del problema (o evaluación de las necesidades);

4. Objetivos del proyecto;

5. Métodos o diseño del proyecto;

6. Evaluación del proyecto;

7. Financiación futura; y

8. El presupuesto del proyecto.

REDACTAR UNA PROPUESTA DE SUBVENCIÓN

Resumen de la propuesta

El Resumen de la Propuesta es un esbozo de las metas y objetivos del proyecto. El resumen de la propuesta debe ser breve y conciso. No más de 2 ó 3 párrafos. Colóquelo al principio de la propuesta.

Introducción

La parte introductoria de su propuesta de subvención le presenta a usted y a su empresa como un solicitante y una organización creíbles.

Destaque los logros de su organización de todas las fuentes: artículos de prensa o en línea, etc. Incluya una biografía de los principales miembros y dirigentes. Exponga los objetivos y la filosofía de la empresa.

Planteamiento del problema

El planteamiento del problema deja claro el problema que vas a resolver (quizá reducir el número de personas sin hogar). Asegúrate de utilizar hechos. Indica quiénes y cómo se beneficiarán los afectados de la solución del problema. Explica exactamente cómo resolverás el problema.

REDACTAR UNA PROPUESTA DE SUBVENCIÓN

Objetivos del proyecto

La sección Objetivos del proyecto de su propuesta de subvención se centra en las Metas y el Resultado deseado.

Asegúrese de identificar todos los objetivos y cómo va a alcanzarlos. Cuantas más estadísticas pueda encontrar para respaldar sus objetivos, mejor. Asegúrese de establecer objetivos realistas. Te juzgarán por lo bien que cumplas lo que dijiste que te proponías hacer.

Métodos y diseño de programas

La sección de métodos y diseño del programa de su propuesta de subvención es un plan de acción detallado.

- Qué recursos se van a utilizar.
- Qué personal se va a necesitar.
- Desarrollo de sistemas.
- Cree un organigrama de las características del proyecto.
- Explique lo que se va a conseguir.
- Intente aportar pruebas de lo que seconseguirá
  .
- Haga un diagrama del diseño del programa.

REDACTAR UNA PROPUESTA DE SUBVENCIÓN

Evaluación

Existe la evaluación del producto y la evaluación del proceso. La evaluación del producto se refiere a los resultados del proyecto y al grado de cumplimiento de sus objetivos.

La evaluación del proceso trata de cómo se ha llevado a cabo el proyecto, cómo se ha ajustado al plan original establecido y la eficacia general de los distintos aspectos del plan.

Las evaluaciones pueden comenzar en cualquier momento del proyecto o al final del mismo. Se aconseja presentar un diseño de evaluación al inicio del proyecto.

Queda mejor si se han recogido datos convincentes antes y durante el programa.

Si el diseño de la evaluación no se presenta al principio, eso podría fomentar una revisión crítica del diseño del programa.

Financiación futura

La parte de la propuesta relativa a la financiación futura debe incluir una planificación del proyecto a largo plazo que supere el periodo de la subvención.

REDACTAR UNA PROPUESTA DE SUBVENCIÓN

Presupuesto

Los servicios públicos, el alquiler de equipos, el personal, el salario, la comida, el transporte, las facturas de teléfono y los seguros son sólo algunas de las cosas que hay que incluir en el presupuesto.

Un presupuesto bien elaborado rinde cuentas de cada céntimo.

Para obtener una guía completa sobre subvenciones públicas, consulte Google

catálogo de ayuda federal interna. Puede descargar una versión completa del catálogo en PDF.

Otras fuentes de financiación pública

Puede obtener préstamos generales para pequeñas empresas del gobierno. Para más información, consulte la Agencia Federal para el Desarrollo de la Pequeña Empresa.

Programa de microcréditos de la SBA

El programa de microcréditos concede préstamos de hasta 50.000 dólares, siendo el préstamo medio de 13.000 dólares.

https://www.sba.gov/

REDACTAR UNA PROPUESTA DE SUBVENCIÓN

Recientemente, el multimillonario Elon Musk recibió 4.900 millones de dólares en subvenciones del Gobierno. Si tienes dudas a la hora de buscar ayuda gubernamental, deja que eso se hunda. Un multimillonario que paga pocos impuestos recibió miles de millones de tus impuestos.

Las subvenciones públicas son reales. Como todo lo que merece la pena, hay que esforzarse y cumplir unos requisitos para obtenerlas.

Capítulo 9
Colossal Cash
de
Financiación colectiva

Financiación colectiva Crowd Sourcing

En 2015 se recaudaron más de 34.000 millones de dólares mediante crowdfunding. Los orígenes del crowdfunding y el crowdsourcing se remontan a 2005 y ayudan a financiar proyectos recaudando dinero de un gran número de personas, normalmente a través de Internet.

Este tipo de recaudación de fondos o capital riesgo suele tener 3 componentes. El individuo o la organización con un proyecto que necesita financiación, grupos de personas que donan al proyecto, y una organización establece una estructura o reglas para poner los dos juntos.

Estos sitios web cobran tasas. La comisión estándar por éxito es de aproximadamente el 5 %. Si no se alcanza el objetivo, también se cobra una comisión.

A continuación se muestra una lista de los mejores sitios web de Crowdfunding según mi opinión y la de Sally Outlaw, colaboradora de la revista Entrepreneur.

Financiación colectiva Crowd Sourcing

https://www.indiegogo.com/

Comenzó como una plataforma para conseguir películas y ahora ayuda a recaudar fondos para cualquier causa.

http://rockethub.com/

Comenzó como una plataforma para las artes, pero ahora ayuda a recaudar fondos para empresas, ciencia, proyectos sociales y educación.

http://peerbackers.com/

Peerbackers se centra en recaudar fondos para empresas, emprendedores e innovadores.

https://www.kickstarter.com/

El más popular y conocido n de todos los sitios web de crowdfunding. Kickstarter se centra en el cine, la música, la tecnología, los juegos, el diseño y las artes creativas. Solo acepta proyectos de Estados Unidos, Canadá y Reino Unido.

Financiación colectiva Crowd Sourcing

Grupo Growvc

http://group.growvc.com/

Este sitio web está destinado a la innovación empresarial y tecnológica.

https://microventures.com/

Acceda a inversores providenciales. Este sitio web está dirigido a empresas de nueva creación.

https://angel.co/

Otro sitio web para la creación de empresas.

https://circleup.com/

Circle up es para empresas de consumo innovadoras.

https://www.patreon.com/

Si abres un canal en YouTube (muy recomendable) oirás hablar de este sitio web con frecuencia. Este sitio web es para gente creativa de contenidos.

Financiación colectiva Crowd Sourcing

https://www.crowdrise.com/

"Recauda dinero para cualquier causa que te inspire".
El eslogan de la página de aterrizaje habla por sí solo.
#Página web nº 1 en recaudación de fondos para causas personales.

https://www.gofundme.com/

Este sitio web de recaudación de fondos permite recaudar fondos para empresas, organizaciones benéficas, educación, emergencias, deportes, medicina, conmemoraciones, animales, fe, familia, recién casados, etc.

https://www.youcaring.com/

El líder en recaudación de fondos gratuita. Más de 400 millones de dólares recaudados.

https://fundrazr.com/

FundRazr es una galardonada plataforma de recaudación de fondos en línea que ha ayudado a miles de personas y organizaciones a recaudar dinero
para las causas que les importan.

Capítulo 10 Marketing ¡Cómo llegar gratis a mil millones de personas!

Cómo llegar gratis a mil millones de personas

La comercialización de su negocio de cafetería es esencial para su éxito. En el entorno empresarial actual, el marketing no tiene por qué ser caro. Con las redes sociales y los grandes motores de búsqueda como Google y YouTube, su negocio puede llegar a millones de personas sin que le cueste una fortuna.

MARKETING A COSTE CERO

Aunque hay muchas maneras de hacer marketing, nos vamos a centrar en el MARKETING DE COSTE CERO. Usted está empezando. Siempre se puede ir a las formas más caras de la comercialización después de su negocio está produciendo ingresos.

ALOJAMIENTO WEB GRATUITO

Consigue un sitio web gratuito. Puedes conseguir un sitio web gratis en weebly.com o wix.com. O simplemente escribe "alojamiento web gratuito" en un buscador google, bing o yahoo.

El alojamiento web gratuito es algo que puede utilizar por diversas razones. Sin embargo, muchos sitios de alojamiento web gratuito añaden una extensión al nombre de su dirección web que permite a todo el mundo saber que está utilizando sus servicios. Por esta razón, una vez que empieces a generar ingresos, querrás ampliar la escala.

Cómo llegar gratis a mil millones de personas

ALOJAMIENTO WEB DE PAGO BARATO

Libre es agradable, pero usted cuando usted necesita ampliar su negocio es el mejor ir con una tela pagada que recibe servicio. Hay varios que le dan un buen valor por menos de $ 10.00 al mes.

1. Yahoo pequeña empresa

2. Intuit.com

3. ipage.com

4. Hostgator.com

5. Godaddy.com

Yahoo pequeña empresa permite páginas web ilimitadas y es probablemente el mejor valor total, pero requieren un pago de años por adelantado. Intuit permite pagos mensuales.

Para el comercio electrónico libre en su sitio web, abrir una cuenta de Paypal y obtener el código HTML para los botones de pago de forma gratuita. A continuación, poner esos botones en su sitio web.

Cómo llegar gratis a mil millones de personas

Paso 1 marketing en internet a coste cero

Ahora que su sitio web está en funcionamiento, debe registrarlo en al menos los 3 principales motores de búsqueda. 1. Google 2. Bing 3. Yahoo.

Paso 2 marketing en internet a coste cero

Escribe y envía un **comunicado de prensa**. Busca en Google "free press release sites" para encontrar sitios que te permitirán enviar comunicados de prensa de forma gratuita. Si no sabes cómo escribir una nota de prensa, visita www.fiverr.com y subcontrata el trabajo por sólo 5 dólares.

Paso 3 marketing en internet a coste cero

Escribe y envía artículos a sitios web de marketing de artículos como **ezinearticles.com**.

Paso 4 marketing en internet a coste cero

Crea y envía vídeos a sitios de intercambio de vídeos como dailymotion.com o **youtube.com.** Asegúrate de incluir un hipervínculo a tu sitio web en la descripción de tus vídeos.

Paso 5 marketing en internet a coste cero

Envíe su sitio web a **dmoz.org**. Se trata de un enorme directorio abierto al que acuden muchos buscadores pequeños para obtener sitios web para su base de datos.

Cómo llegar gratis a mil millones de personas

YouTube tiene más de mil millones de usuarios. Puede que ya tengas un canal en YouTube y que se te dé bien hacer vídeos. Sin embargo, si no estás familiarizado con la creación de vídeos y su subida a YouTube, puedes visitar un sitio web llamado .....

fiverr

https://www.fiverr.com/

https://goo.gl/R9x7NU

https://goo.gl/B7uF4L

https://goo.gl/YZ6VdS

https://goo.gl/RoPurV

En fiverr puedes conseguir crear un vídeo para YouTube de forma rápida y sencilla por sólo 5,00 dólares.
   (actualmente también hay una tasa de servicio de 1 $)

Así que por menos de lo que cuesta una entrada de cine puede tener un anuncio de su inmobiliaria o negocio funcionando 24 horas al día 7 días a la semana.

Una vez subido el vídeo, hay que saber cómo conseguir que la gente lo vea. Ahí es donde entra en juego la optimización para motores de búsqueda SEO.

Cómo llegar gratis a mil millones de personas

Conseguir que su vídeo sea visto

YouTube lee cualquier interacción que realice el espectador
con tu vídeo como señal de que tu vídeo es interesante. Así que un Thumbs up o un like aumentará el ranking de tu vídeo.

Los comentarios de los espectadores pueden impulsar un vídeo en los rankings de búsqueda. Así que un consejo para conseguir que un espectador deje un comentario es decir "Tengo curiosidad por saber qué piensas sobre (insertar tema)". Otra forma de conseguir comentarios de los espectadores es crear un vídeo sobre las leyes de control de armas, las relaciones raciales, el derecho al aborto o cualquier otro tema controvertido.

YouTube puede enviar un aviso a todos tus suscriptores cada vez que subas un vídeo. Así, cuantos más suscriptores tengas, más posibilidades tendrás de que tu vídeo reciba visitas, y las visitas ayudan a que el vídeo ocupe una posición más alta en los resultados de búsqueda de YouTube.

Conseguir que el espectador comparta un enlace en sus redes sociales es lo que hace que nuestro vídeo se convierta en viral. Un contenido excelente o entretenido es la clave. Tampoco está de más pedir al espectador que lo haga.

En lugar de decir lo mismo en cada vídeo, puedes crear un vídeo de "cierre" y subirlo a YouTube. Luego puedes utilizar el editor de YouTube para añadirlo a cualquier vídeo que subas.

Cómo llegar gratis a mil millones de personas

Search Engine Optimization (SEO) es el término utilizado para las técnicas utilizadas para dirigir el tráfico a su vídeo. Muchas personas utilizan tácticas que van en contra de las normas de YouTube para atraer tráfico a sus vídeos. A esto se le llama "Sombrero Negro". Hay muchos sitios web donde puedes comprar visitas a tus vídeos. Te aconsejo que te mantengas alejado de cualquier posible táctica poco ética. Consigue tus visitas de forma orgánica.

Puedes empezar tu vídeo con un buen tráfico, enviándolo en un enlace a todas las personas a las que envías correos electrónicos regularmente.

Herramienta de palabras clave de Google

Comience su SEO utilizando la herramienta de palabras clave de Google. Vaya a

https://adwords.google.com/KeywordPlanner

Una vez allí, escriba su palabra clave o frase clave original. Google te ofrecerá entre 700 y 1200 resultados que considera relevantes para tu palabra clave o frase original. Seleccionar las palabras clave adecuadas para su vídeo es la clave para poder clasificar sus vídeos.

Cómo llegar gratis a mil millones de personas

Cómo seleccionar las palabras clave

Una vez que tenga los 700 resultados, puede ordenarlos por relevancia. Así tendrá más posibilidades de clasificarse por la palabra clave o frase original que haya introducido.

Puede ordenar los resultados por competencia. Puede elegir palabras clave o frases de baja competencia para aumentar sus posibilidades de posicionarse. La baja competencia suele tener menos búsquedas "por mes", pero una combinación de varias clasificaciones a veces puede ser mejor que conseguir clasificar una sola palabra clave.

Marketing de artículos

Ezine Articles es uno de los mejores sitios de marketing de artículos en Internet. Usted puede unirse de forma gratuita en http://ezinearticles.com/. Una vez que se una al sitio puede subir artículos a este sitio web que son relevantes para su vídeo de YouTube. Ezine le permite colocar un enlace en su artículo. El enlace puede volver a su tráfico de YouTube y aumentar dramáticamente las vistas.

Cuando escribas el artículo, intenta que coincida lo más posible con el vídeo de YouTube. Utiliza los mismos titulares, títulos y descripciones, en la medida de lo posible. YouTube y Google adoran la relevancia.

Cómo llegar gratis a mil millones de personas

Tu artículo debe tener entre 700 y 800 palabras. Este es el tamaño que prefieren muchos blogs. Una vez cargado el artículo en Ezine artículos, puede ser recogido por cualquier sitio web del mundo. Una vez tuve un artículo sobre fotografía de marketing que fue recogido por casi 800 blogs de todo el mundo. Muchos de ellos dejaron el enlace colocado en el artículo, y eso permitió que toneladas de tráfico fueran atraídas a mis videos o sitio web. No todos los blogs son éticos y muchos eliminarán tu enlace para mantener el tráfico en su sitio web. Muchos también sustituirán tu enlace por el suyo. No lo sabrás hasta que lo intentes.

Comunicados de prensa

Una de las formas más poderosas de aumentar el tráfico hacia tus vídeos es escribir y enviar un comunicado de prensa. Si nunca has escrito un comunicado de prensa, no te sientas intimidado. ¡Usted puede ir a un sitio web www.fiverr.com y obtener un comunicado de prensa escrito por sólo $ 5.00!

Si quieres redactar tú mismo el comunicado de prensa, aquí tienes algunos consejos.

El formato básico es de 3 párrafos en una página, para publicación inmediata. A menos que se trate de una fecha señalada, como un día festivo, en cuyo caso el editor podría retrasar la publicación.

Cómo llegar gratis a mil millones de personas

El titular debe llamar la atención. Si no llama la atención del redactor, el resto del comunicado de prensa no se leerá. Visite sitios web de comunicados de prensa y eche un vistazo a los comunicados de prensa que se han publicado y estudie los titulares y el formato adecuado.

Después de redactar el titular, escribe tres párrafos. El primer párrafo es un breve resumen de lo que trata tu historia. "Pero tengo tanto que contar que no puedo resumirlo en un párrafo corto". La guerra revolucionaria tiene un montón de historias tremendas. Se han hecho películas enteras de 2 horas sobre ella. He aquí una descripción de dos frases de esos acontecimientos. Las futuras colonias de Estados Unidos lucharon contra los británicos. Las colonias ganaron.

El segundo párrafo describe tu historia. Manténgalo en forma de noticia. No intentes vender en tu comunicado de prensa. A los programas de entretenimiento se les da bien traer a un famoso, hacer una pequeña toma de contacto y terminar la entrevista con una promoción de su producto o causa...

El tercer párrafo es la llamada a la acción. "Para más información sobre cómo ayudar a las víctimas de dipsy-doodle-itis llama al 555-1212 o pulsa este enlace".

La mayoría de los sitios web de notas de prensa le permitirán colocar al menos un enlace en su nota de prensa.

Cómo llegar gratis a mil millones de personas

He aquí una lista de los cinco mejores sitios web de comunicados de prensa gratuitos:

Los mejores sitios web gratuitos de comunicados de prensa

https://www.prlog.org

https://www.pr.com

https://www.pr-inside.com

https://www.newswire.com

https://www.OnlinePRNews.com

Cómo llegar gratis a mil millones de personas

Redes sociales

Cuando subas tus vídeos a YouTube, debes comentar y dar a me gusta a tu propio vídeo. Cuando te guste tu propio vídeo, YouTube te dará la opción de enlazarlo a potentes redes sociales. Así que tienes que unirte a estos sitios web antes de subir tus vídeos. A continuación encontrarás una lista de algunas de las redes sociales a las que deberías unirte. Cuando enlazas tus vídeos a estos sitios web, se crea un vínculo de retroceso a un sitio web muy valorado, que a su vez se tiene en cuenta en el algoritmo de YouTube y Google para determinar qué vídeo se considera relevante y más popular.

Redes sociales

https://www.facebook.com

https://www.tumbler.com

https://www.pinterest.com

https://www.reddit.com

https://www.linkedin.com/

http://digg.com/

https://twitter.com

https://plus.google.com/

Cómo llegar gratis a mil millones de personas

Por último, uno de los métodos de marketing más exitosos que se utilizan hoy en día es el "marketing de permiso". Consiste en conseguir que un cliente potencial te dé su dirección de correo electrónico y, por tanto, permiso para comercializar con él.

Necesitas una plataforma de automatización del marketing y un servicio de marketing por correo electrónico. Estas empresas almacenan y envían tus correos electrónicos.

Getresponse, MailChimp y Aweber son algunas de las empresas más populares de autorespuestas de almacenamiento de correo electrónico.

Para crear una lista de correo electrónico, normalmente hay que ofrecer un producto, informe o libro gratuito a cambio de la dirección de correo electrónico. A continuación, los envías a una página web que captura y almacena la dirección de correo electrónico.

Capítulo XI
GUÍA DE RECURSOS WEB SOBRE CRÍA DE PERROS

Rolodex de recursos para mayoristas web

En el momento de escribir este libro, el sitio web de todas las empresas que figuran a continuación está activo. De vez en cuando las empresas cierran o cambian su dirección web. Por lo tanto, en lugar de darle sólo 1 fuente que le doy muchos para elegir.

Suministros para la cría de perros

http://goo.gl/R9DDto

http://www.valleyvet.com/c/pet-supplies/dog-breeding-supplies.html

http://www.breederssupply.com/

http://www.atozvetsupply.com/Breeder-supplies-s/20.htm

https://www.exodusbreeders.com/

Organizaciones

http://www.adbadogs.com/p_home.asp

http://www.arba.org/

http://www.iwdba.org/

Lista completa de razas caninas reconocidas

http://www.akc.org/dog-breeds/

Adiestramiento de perros

http://www.dog-training.com/

http://www.roverpet.com/

http://www.dogsupplies.com/

http://www.petwholesaler.com/index.php

http://www.happytailsspa.com/

http://www.futurepet.com/

http://www.petmanufacturers.com/

http://www.k9bytesgifts.com/

http://www.kingwholesale.com/

http://www.upco.com/

PROGRAMAS DE CERTIFICACIÓN

http://www.ccpdt.org/

https://apdt.com/join/certification/

Información sobre perros
www.rainbowridgekennels.com

TRANSPORTE
Camiones/CARROS Usados Online

http://gsaauctions.gov/gsaauctions/gsaauctions/

http://www.ebay.com/motors

http://www.uhaul.com/TruckSales/

http://www.usedtrucks.ryder.com/vehicle/VehicleSearch.aspx?VehicleTypeId=1&VehicleGroupId=3

http://www.penskeusedtrucks.com/truck-types/light-and-medium-duty/

Piezas

http://www.truckchamp.com/

http://www.autopartswarehouse.com/

Bicicletas y motocicletas

http://gsaauctions.gov/gsaauctions/aucindx/

http://www.bikesdirect.com/products/used-bikes/?gclid=CLCF0vaDm7kCFYtDMgodzW0AXQ

http://www.overstock.com/Sports-Toys/Cycling/450/cat.html

http://www.nashbar.com/bikes/TopCategories_10053_10052_-1

http://www.bti-usa.com/

http://evosales.com/

ORDENADORES/Equipos de oficina

http://www.wtsmedia.com/

http://www.laptopplaza.com/

http://www.outletpc.com/

Kits de herramientas informáticas

http://www.dhgate.com/wholesale/computer+reparación+herramientas.html

http://www.aliexpress.com/wholesale/wholesale-repair-computer-tool.html

http://wholesalecomputercables.com/Computer-Kit de herramientas de reparación/M/B00006OXGZ.htm

http://www.amazon.com/Wholesale-Computer-Repair-Screwdriver-Insert/dp/B009KV1MM0

http://www.tigerdirect.com/applications/category/category_tlc.asp?CatId=47&name=Computer%20Tools

Piezas de ordenador

http://www.laptopuniverse.com/

http://www.sabcal.com/

otros

http://www.nearbyexpress.com/

http://www.commercialbargains.co

http://www.getpaid2workfromhome.com

http://www.boyerblog.com/success-tools

liquidadores americanos de mercancías

http://www.amlinc.com/

el club del cierre

http://www.thecloseoutclub.com/

Ventas con descuento RJ

http://www.rjsks.com/

Venta al por mayor en San Luis

http://www.stlouiswholesale.com/

Electrónica al por mayor

http://www.weisd.com/

ana al por mayor

http://www.anawholesale.com/

venta al por mayor de oficina

http://www.1-computerdesks.com/

1aaa mercancía al por mayor

http://www.1aaawholesalemerchandise.com/

big lots al por mayor

http://www.biglotswholesale.com/

Más recursos empresariales

1. http://www.sba.gov/content/starting-green-business

negocios desde casa

2. http://www.sba.gov/content/home-based-business

3. negocios en línea

http://www.sba.gov/content/setting-online-business

4. autónomos y contratistas independientes

http://www.sba.gov/content/self-employed-independent-contractors

5. empresas propiedad de minorías

http://www.sba.gov/content/minority-owned-businesses

6. empresas propiedad de veteranos

http://www.sba.gov/content/veteran-service-disabled-veteran-owned

7. empresas propiedad de mujeres

http://www.sba.gov/content/women-owned-businesses

8. personas con discapacidad

http://www.sba.gov/content/people-with-disabilities

9. jóvenes empresarios

http://www.sba.gov/content/young-entrepreneurs

Por último, si te ha gustado este libro, tómate tu tiempo para compartir tu opinión y publicar una reseña en Amazon. Se lo agradeceremos mucho.

Muchas gracias,

Brian Mahoney

También te puede interesar:

Cómo conseguir dinero para crear una pequeña empresa:
Cómo conseguir grandes cantidades de dinero mediante crowdfunding, subvenciones y préstamos públicos

Por Ramsey Colwell

Por Ramsey Colwell

www.ingramcontent.com/pod-product-compliance
Lightning Source LLC
LaVergne TN
LVHW012027060526
838201LV00061B/4497